Rose Marie Schulze

Das kleine
Berlin
Kochbuch

Hölker Verlag

Inhalt

*» Ene jut jebratene Jans
is ene jüte Jabe Jottes «*

Berlin, ick liebe dir, ick hab dir zum Fressen gern

Denke ich an mein Berlin und seine Küche, fallen mir tausend Sachen gleichzeitig ein: der Kurfürstendamm und das Café Kranzler, Zille und meine Lieblingseckkneipe, Berliner Luft und Eisbein, das KaDeWe und Kennedy mit seinem legendären Satz „Ich bin ein Berliner".

Aber was genau ist ein Berliner, wenn schon einzelne Stadtteile wie Steglitz, Charlottenburg, Mitte oder Pankow so viele Einwohner wie eine normale Großstadt haben? Die Stadt ist riesengroß, von Nord nach Süd erstreckt sie sich über 50 Kilometer und von West nach Ost sogar noch über ein paar Kilometer mehr. Im Prinzip lebt der Berliner in seinem eigenen „Kiez". Er hat nicht allzu oft das Bedürfnis, ihn zu verlassen. Denn er hat ja alles, was er braucht, in der Nähe. Und was soll man als Grunewalder in Kreuzberg oder als Friedrichs- hainer in Lichterfelde? Daher ist unsere Hauptstadt Berlin zwar eine Weltstadt, aber der Berliner selbst ein treuer Kreuzberger, Neuköllner oder Lichtenrader. Sein Leben spielt sich im eigenen Bezirk ab: in der Eckknei- pe, beim Klönen (Quatschen) im Bäckerladen, an der Currywurstbude oder am Dönerstand. Der Ur-Berliner ist selten geworden, aber die zugezogenen Neu-Berli- ner nehmen die Kultur, Kunst und Kulinarik der Stadt fast genauso ernst wie er.

Das kulinarische Berlin ist ein Potpourri von Importen – in der über 700-jährigen Geschichte der Stadt haben Einwanderer aus Mecklenburg, Pommern, Ostpreu- ßen, Schlesien und Frankreich diverse kulinarische Spuren hinterlassen. Doch gerade das macht Berlin so weltoffen, neugierig und auch integrativ. In der Küche war die Vereinnahmung meist auch mit einer Verein- fachung verbunden. Für aufwendige Zubereitungs- weisen und raffinierte Würzung ist wenig Platz. Die Speisen sind hier meist schlicht und bodenständig, def- tig und sättigend.

Im 17. Jh. kamen die calvinistisch geprägten Hugenot- ten aus Frankreich nach Berlin und brachten Zutaten wie Spargel, Erbsen, Bohnen, Blumenkohl, Gurken und Salat mit. Bald wurde all das auf den sandigen Böden im Umland angebaut und ergänzte den kargen Speiseplan der Berliner, der zuvor vor allem von Kohl und Rüben bestimmt gewesen war. Außerdem hinter- ließen sie eine große Schwäche für Frikadellen – in Berlin liebevoll Buletten genannt.

Der „Franzosen-Friedrich" – Friedrich der Große – hat den Berlinern mit seinem Wahlspruch „Jeder soll nach seiner Façon selig werden" Liberalität und Weltoffenheit ans Herz gelegt. Und er hat die Berliner im 18. Jh. zu Kartoffelessern erzogen und ihnen einen hohen Salzverbrauch auferlegt. Pellkartoffeln mit Quark und Leinöl, Salzkartoffeln mit Stippe (Dipsaucen in diversen Varianten), sauer oder salzig eingelegte Gurken und Heringe sind seitdem aus der Berliner Küche nicht mehr wegzudenken.

In den Kneipen Berlins gibt es keine Sperrzeiten, und so kann 24 Stunden lang „ringeschaufelt" werden. Der „Broiler" (Grillhähnchen) und die Wurst in der Schrippe (im Brötchen) sind typisch, Rollmops, Brathering und saure Gurken ein Muss und die Buletten allgegenwärtig.
Original Berliner Gerichte sind – egal ob auswärts oder zu Hause – Eisbein (Gepökelte Schweinshaxe) mit Sauerkraut und Erbspüree, Stolzer Heinrich (Bratwurst mit Biersauce), gebratene Leber mit Apfel, Zwiebeln und Quetschkartoffeln (Stampfkartoffeln), Hühnerfrikassee, Königsberger Klopse in weißer Kapernsauce oder Gänsebraten mit Rot- oder Grünkohl und Kartoffelklößen. Auch Fischgerichte wie Havelzander mit Schmorgurken oder Aal bzw. Hecht grün haben einen festen Platz auf dem Berliner Speiseplan. „Futtern wie bei Muttern" wird nicht zuletzt an der Quantität gemessen. Und Reste werden nach dem Speisen in Altberliner Restaurants oder Kneipen ganz selbstverständlich in Alufolie mit nach Hause genommen.

Dazu gibt es die Molle (Bier), Kristallweizen (kein Hefe-weizen!) und die berühmte Weiße mit Schuss – ein obergäriges, helles Bier, dass nur in Berlin gebraut und mit Waldmeister- oder Himbeersirup versehen in ei-nem typischen halbkugelförmigen Glas serviert wird. Und dazwischen gibt es Muckefuck (Malzkaffee) oder neumodisch eine „Latte" zum Streuselkuchen oder zu Hefeteilchen – und danach ein Likörchen.

Ja, Berlin ist eine Reise wert – schon wegen der Berli-ner Luft, die nach dem typischen „Milljöh" und nach Freiheit riecht. Und die Altberliner Restaurants und Kneipen sind ein Erlebnis besonderer Art. Vor allem dort lernen Sie die original Berliner Küche richtig ken-nen. Und danach sind Sie hoffentlich so richtig moti-viert, die deftigen Köstlichkeiten nach den Rezepten in diesem Buch zu Hause auszuprobieren und sich und Ihre Lieben zu verwöhnen.

Guten Appetit und fröhliches Nachkochen
wünscht Rose Marie Schulze

Kleine Speisen – von Buletten bis Currywurst

Stullen & Co.

Die Berliner haben im Laufe der Geschichte mehr als einmal gehungert, nicht zuletzt darum haben sie wohl eine große Liebe zum Butterbrot bzw. zur „Butterstulle" entwickelt. Einmal im Jahr wird sogar zu ihren Ehren ein Festtag begangen. Die Stulle wurde „im Janzen", also nicht durchgeschnitten verzehrt. Erst mit der Zeit entstand die so genannte „Beamten-Schiebewurst": Bei dieser lag am Rande der Butterstulle ein Stück Wurst, das bei jedem Biss ein wenig zurückgeschoben wurde, damit man bis zum Schluss etwas davon hatte. Heutzutage ist Stulle gleichbedeutend mit dick belegt. Heutzutage essen die Berliner am liebsten eine „Klappstulle": z. B. mit Eischeiben, Schinken, Käse und/oder Wurst zwischen zwei Butterbrotscheiben.

Schusterjungen mit Gänseschmalz

Bei den Schusterjungen handelt es sich um unregelmäßig geformte Brötchen, die traditionell je zur Hälfte aus Roggen- und Weizenmehl gebacken werden. Sie begleiten stilecht einen deftigen Kneipenimbiss wie Gänse- und Griebenschmalz, Hackepeter (gewürztes Schweinehackfleisch, Rezept S. 13) oder Harzer Käse. Aber auch einfache Schmalzstullen – Graubrotscheiben dick bestrichen mit Schweineschmalz – sind bei den Berlinern sehr beliebt.

750 g frisches Gänsefett (Gänseflomen),
2 Zwiebeln, 2 säuerliche Äpfel (z. B. Boskop),
2 Stängel Beifuß, gehackt, Salz,
4–8 frische Schusterjungen

Das Fett möglichst klein schneiden und in einem breiten Topf mit 100 Millilitern Wasser bei mittlerer Hitze ausbraten, bis es klar ist. Zwiebeln schälen und fein würfeln. Äpfel schälen, vierteln, vom Kerngehäuse befreien und ebenfalls klein würfeln. Zwiebel in dem Fett goldgelb braten. Vom Herd ziehen, Apfelwürfel und Beifuß unterrühren, salzen und das Fett in ein geeignetes Gefäß (klassisch ist ein Steinguttöpfchen) füllen. Kühl stellen und erstarren lassen. Zum Servieren die Schusterjungen halbieren und dick mit dem Schmalz bestreichen.

Soleier

Aus Halle, wo früher die Salzsiederzunft angesiedelt war, stammen die Soleier (Sole = Salzlake). Die Arbeiter hängten Eier in Netzen in die siedende Sole, um ihre Mahlzeit zu ergänzen. In Berlin wurden die Soleier durch die Kneipen berühmt. Am Tresen standen (und stehen z. T. heute immer noch) hohe bonbonglasähnliche Gefäße, auch „Hungertürme" genannt, mit in der Schale gekochten Eiern in konzentrierter Salzlösung. Wer Hunger hat, lässt sich 1, 2 oder 3 Eier servieren. Diese werden dann gepellt, halbiert, dick mit Mostrich bestrichen, gesalzen, gepfeffert – und dann immer „rin" damit...

150 g Salz, 2 Lorbeerblätter, 10 Pimentkörner,
10 Pfefferkörner, 3 Wacholderbeeren,
15 getrocknete Dillblütendolden, 1 Zwiebel,
10 große Eier

1 Liter Wasser mit den Gewürzen aufkochen und bei mittlerer Hitze knapp 5 Minuten ziehen lassen, dann vollständig auskühlen lassen. Die Zwiebel schälen. Die Eier zusammen mit der Zwiebel in etwa 10 Minuten hart kochen, mit kaltem Wasser abschrecken und die Schale rundherum leicht anschlagen, ohne das sie vollständig zerbricht. Die Eier in ein hohes Gefäß (mit Deckel) legen und mit dem abgekühlten Kochsud bedecken. Mindestens 24 Stunden (am besten 1 Woche) an einem kühlen Ort ziehen lassen. Eier zum Servieren herausnehmen, pellen und nach Belieben würzen.

Strammer Max

4 dicke Scheiben Graubrot, 2 EL Butter,
200 g roher Schinken, klein gewürfelt,
1 EL Speiseöl, 8 Eier, Salz, frisch gemahlener Pfeffer,
1 EL frisch gehackte Petersilie, 8 Tomatenviertel,
1 Gewürzgurke in Scheiben

Jede Brotscheibe mit etwas Butter bestreichen und mit den Schinkenwürfeln bestreuen. Restliche Butter und Öl in einer Pfanne erhitzen und die Eier zu Spiegeleiern braten. Je 2 auf 1 Brotscheibe platzieren. Salzen, pfeffern, mit Petersilie, Tomatenvierteln und Gurkenscheiben garnieren.

Hackepeter

500 g gut durchwachsenes Schweinefleisch
(Nacken oder Keule), 3 Zwiebeln, Salz, frisch
gemahlener Pfeffer, frische Schrippen (Brötchen)

Das Fleisch durch die grobe Scheibe des Fleischwolfs drehen. Zwiebeln schälen und fein würfeln. Zwei Drittel davon zum Garnieren beiseite stellen. Den Rest mit dem Mett vermengen, kräftig salzen und pfeffern und mit den Zwiebelwürfeln garnieren. Sofort auf Schrippen genießen. Reste zu Buletten (Rezept S. 14) verarbeiten.

 Hackepeter kann man in Berlin überall beim Metzger und im Supermarkt frisch zubereitet kaufen.

Buletten

Buletten (Fleischfrikadellen) gehören zu den Lieblings-
gerichten der Berliner. Ob warm oder kalt, mit Essig-
gurke, Senf (Mostrich) oder ohne, solo aus der Hand
oder ordentlich auf eine Schrippe (Brötchen) gepackt
– „ejal", Hauptsache sie schmecken wie bei Muttern.
Das kann in der Eckkneipe, am Stehimbiss oder zu
Hause sein. Dort werden sie auch auf Sauerkohl ser-
viert und heißen dann „Pferdeäppel auf Heu" – aber
„naturlemeng" mit Bratkartoffeln ...
Das Wort Bulette ist dem französischen Wort für
Fleischklops „Boule" entlehnt. Die Hugenotten aus
Frankreich haben den Berlinern die Frikadelle quasi als
Erbe hinterlassen. Im folgenden Rezept wird sie wie im
Original nur mit Schweinefleisch zubereitet, heutzu-
tage hat sich allerdings gemischtes Hackfleisch (halb
Schwein und halb Rind) eingebürgert.

2 Schrippen (Brötchen),
1 große Zwiebel,
500 g Schweinehackfleisch,
1 Ei, Salz, frisch gemahlener Pfeffer,
5 EL Pflanzenöl, 1 EL Butter

Die Schrippen in dünne Scheiben schneiden, in einer
Schüssel mit lauwarmem Wasser übergießen und einweichen lassen. Inzwischen die Zwiebel schälen und
fein würfeln. Hackfleisch mit Ei und den gut ausgedrückten Brotscheiben zu einem homogenen Fleischteig verkneten. Mit Salz und Pfeffer würzen.

Mit angefeuchteten Händen etwa 8 gleich große Bällchen formen und etwas flach drücken.
Das Pflanzenöl in einer größeren Pfanne erhitzen und darin die Buletten auf beiden Seiten kräftig anbraten. Die Hitze reduzieren und bei mittlerer Hitze in knapp 10 Minuten fertig braten, währenddessen die Butter zugeben. Vor dem Servieren kurz auf Küchenpapier abtropfen lassen.

 Je fester die Schrippen ausgedrückt werden, desto fester wird auch die Konsistenz der Buletten. Wie weich sie sein sollen, das ist unter den Berlinern Ansichtssache – ganz nach dem Motto: Jedem seine persönliche Bulette!

Kartoffelsalat mit Bockwurst

Die berühmte Bockwurst – eine Brühwurst im Natur-
darm, die meist geräuchert ist – wurde 1889 von einem
Berliner Gastwirt namens Richard Scholtz erfunden. Er
servierte sie in seiner Gaststätte zum Bockbier, darum
wurde sie von seinen Gästen „Bockwurst" getauft. Und
was könnte dazu besser passen als ein typisch Berliner
Kartoffelsalat mit Mostrich und Schrippen?

1 kg frisch gekochte Pellkartoffeln von
fest kochenden Kartoffeln, 4 hartgekochte Eier,
1 Zwiebel, 200 g Gewürzgurken,
2 ganz frische Eigelb, 1 TL scharfer Senf,
100 ml Pflanzenöl, 2 EL Weißweinessig,
Salz, frisch gemahlener Pfeffer,
2 EL gehackte Petersilie,
4 heiße Bockwürste, 4 Schrippen (Brötchen),
scharfer oder süßer Mostrich (Senf)

Die frisch gekochten, leicht abgekühlten Kartoffeln
pellen, in Scheiben schneiden und in eine passende
Schüssel geben. Eier pellen und mit dem Eierschnei-
der einmal längs und einmal quer in kleine Würfel
schneiden, Zwiebeln schälen und wie die Gurken ebenfalls in feine Würfel schneiden und alles zu den Kartoffeln geben.
Mit einem elektrischen Handrührer Eigelbe und Senf
verrühren. Nach und nach das Öl unterschlagen, so
dass eine cremige Mayonnaise entsteht. Mit Essig,
Salz und Pfeffer würzen und vorsichtig mit den Zuta-

ten in der Schüssel vermengen. Mit Klarsichtfolie abdecken und 1–2 Stunden ziehen lassen. Vor dem Servieren abschmecken und mit Petersilie bestreuen. Kartoffelsalat auf Teller verteilen und obenauf je 1 Bockwurst legen. Reichen Sie dazu Schrippen und Mostrich.

 Ich habe zwar ein sehr altes Berliner Kartoffelsalatrezept in meiner Sammlung, das eigentlich nur aus Kartoffeln, Öl, Essig, Zwiebelwürfeln, Salz und Pfeffer besteht. Aber der Kartoffelsalat mit Mayonnaise hat sich in Berlin mittlerweile durchgesetzt.

Currywurst und Fritten

Herta Heuwer, ehemalige Besitzerin einer Imbissbude Ecke Kantstraße/Kaiser-Friedrich-Straße, hat den Berlinern ein ganz besonderes Geschenk gemacht: Sie erfand die Currywurst. Am 4. September 1949 servierte sie erstmals eine gebratene Brühwurst mit einer Sauce aus Tomatenmark, Currypulver, Worcestershire-Sauce und einigen geheimen Ingredienzen. Heute erinnert eine Gedenktafel an Frau Heuwer just an dem Standort. Zweifellos hat die Currywurst im Laufe ihrer rasanten Karriere die allzeit beliebte Bockwurst als Liebling der Berliner inzwischen abgelöst.

Eigentlich isst man Currywurst an der „Bude", in der Budike, in der Destille oder in der kleenen Eckkneipe mit Gleichgesinnten. Dazu 'ne Molle (Bier) und jede Menge Servietten, um eventuelle Kleckereien zu entfernen. Eine Frage muss man dabei immer beantworten: „Mit oder ohne Darm?" – denn wenn's um die Wursthaut geht, scheiden sich die (Berliner) Geister. Dies ist mein Rezeptvorschlag für die Nachempfindung zu Hause.

1 kg fest kochende Kartoffeln,
1 kg Frittierfett, 4 Bratwürste, Tomatenketchup,
Worcestershire-Sauce und Currypulver
nach Geschmack

Die Kartoffeln schälen, mit dem Pommes-frites-Schneider zu Fritten schneiden und mit Küchenpapier trockentupfen.

Das Frittierfett in einem Topf oder in der Fritteuse auf 140–180 °C erhitzen und die Fritten darin portionsweise hellgelb backen. Herausnehmen und auf Küchenpapier abtropfen lassen.

Den Holzkohlengrill erhitzen und die Bratwürste darauf grillen (oder in der Grillpfanne braten). Herausnehmen, in Scheiben schneiden und warm halten. Ketchup mit Worcestershire-Sauce würzen.

Das Fett auf 190 °C erhitzen und die Fritten ein zweites Mal frittieren, bis sie goldbraun sind. Herausnehmen, kurz auf Küchenpapier abtropfen lassen und auf Teller verteilen. Die Wurstscheiben daneben anrichten, mit dem gewürzten Ketchup überziehen und mit Currypulver bestäuben. Sofort servieren.

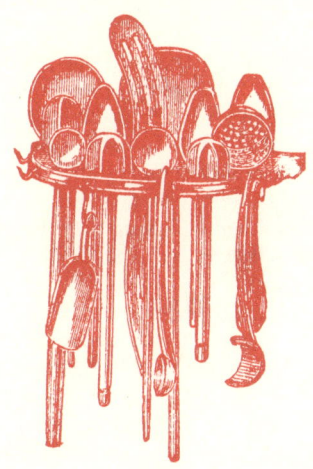

Berliner „Döner" aus Kreuzberg

Ende der 60er-Jahre fand der Kreuzberger Döner-
buden-Besitzer Kadir Nurman einen Weg, den Berlinern das türkische Tellergericht „Döner Kebap"
schmackhaft zu machen: in der Dönertasche. Mittlerweile existieren in Berlin – gemessen an der Zahl seiner Einwohner – mehr Dönerbuden als in Istanbul.
Und der Döner ist inzwischen genauso Teil der Imbiss-
buden-Kultur wie die Currywurst. Die Berliner würden
nie auf die Idee kommen, den Döner zu Hause selbst
zu machen, obwohl dies recht einfach wäre. Aber hier
ist ein Rezept für alle Nichtberliner, die die nächste
erstklassige Dönerbude vielleicht nicht gleich um die
Ecke haben.

600 g mageres Kalbfleisch,
Salz, frisch gemahlener Pfeffer,
1/2 TL Dönergewürz (ersatzweise Pul biber),
Schaschlikspieße, 2 Zwiebeln, 5 EL Olivenöl,
150 g Schafmilchjoghurt, 2 Knoblauchzehen,
1 EL frisch gehackte Petersilie,
4 kleine Fladenbrote, 2 aromatische Tomaten,
150 g Rotkohl, 150 g Schlangengurke

Den Holzkohlengrill oder Backofen auf 220 °C mit
Grillstufe vorheizen. Das Kalbfleisch in dünne Scheiben schneiden und mit Salz, Pfeffer und Dönergewürz
würzen. Dann auf 4 Schaschlikspieße stecken. Die
Zwiebeln schälen, eine davon auf einer Küchenreibe
fein reiben. Das Zwiebelmus mit der Hälfte des Öls ver-

rühren und das Fleisch rundherum damit einpinseln. Auf einen Gitterrost legen und auf dem Holzkohlengrill oder im vorgeheizten Ofen (mittlere Schiene) ca. 20 Minuten grillen, währenddessen mehrmals drehen.

Inzwischen Joghurt in einer Schale verrühren. Knoblauch schälen und durch die Presse dazudrücken. Mit Petersilie, Salz und Pfeffer würzen.

In die Fladenbrote jeweils eine Tasche schneiden und die Innenseiten mit dem restlichen Öl beträufeln. Tomaten vom Stielansatz befreien und würfeln. Rotkohl putzen und in sehr feine Streifen schneiden. Schlangengurke putzen und auf einer Küchenreibe grob raspeln. Die zweite Zwiebel halbieren und in hauchdünne Streifen schneiden.

5–8 Minuten vor Ende der Garzeit der Spieße die Fladenbrote auf den Grill oder den Boden des Backofens legen, um sie zu erwärmen. Spieße und Brote herausnehmen. Die Fleischstücke von den Spießen streifen und in die Brottaschen füllen; dabei ganz nach Belieben alle oder nur einzelne vorbereitete Zutaten hineingeben und mit Joghurtsauce beträufeln.

Bismarckhering

Reichskanzler Otto von Bismarck (1815–1898) soll vor dem Reichstag einmal gesagt haben: „Wenn Hering nen Taler kosten würde, dann würde er den Leuten noch viel besser schmecken." Zu der Frage, wie der Bismarckhering zu seinem Namen kam, gibt es verschiedene Geschichten. Eine dazu lautet, ein findiger Stralsunder Fischhändler namens Friedrich Wiechmann habe Bismarck zum Geburtstag ein Fässchen mit entgräteten, sauer eingelegten Ostseeheringen geschenkt. Als Dank erhielt er daraufhin von ihm die Erlaubnis, diese Art von eingelegten Heringen fortan als „Bismarckheringe" zu verkaufen.

12 küchenfertige grüne Heringe
(vom Fischhändler vorbereitet),
4 EL Salz, 1/2 l trockener Weißwein,
1/4 l Weißweinessig, 1 TL Zucker,
2 große Zwiebeln, 2 Möhren, 5 Lorbeerblätter,
2 EL Pfefferkörner, 2 EL Pimentkörner

Die Heringe unter fließendem kaltem Wasser waschen und mit Küchenpapier trockentupfen. Mit Salz einreiben, mit Klarsichtfolie abdecken und für mindestens 2 Stunden im Kühlschrank ziehen lassen.
Inzwischen in einem Topf 1/2 Liter Wasser mit Wein, Essig und Zucker aufkochen. Vom Herd nehmen und vollständig erkalten lassen. Zwiebeln schälen und in Ringe schneiden. Möhren schälen und in Scheiben schneiden. Heringe abbrausen und trockentupfen. Mit

Zwiebelringen, Möhrenscheiben, Lorbeerblättern, Pfeffer- und Pimentkörnern in einen Steinguttopf schichten. Vollständig mit dem erkalteten Sud bedecken. Den Topf mit Folie verschließen und die Heringe an einem kühlen Ort 48–60 Stunden durchziehen lassen. Vor dem Servieren die eingelegten Heringe aus dem Gefäß nehmen, die Gewürze abstreifen und den Fisch auf Teller legen. Mit Pellkartoffeln, frischen Zwiebelringen und Gewürzgurken servieren.

Heringsstippe

12 Bismarckheringe (Rezept S. 22),
2 säuerliche Äpfel (z. B. Boskop), 2 Zwiebeln,
2 Gewürzgurken, 150 g Mayonnaise,
150 g saure Sahne, 4–5 EL Milch, 1 Prise Zucker,
Salz, frisch gemahlener Pfeffer

Die Bismarckheringe nach dem Marinieren aus dem Sud nehmen, abbrausen, mit Küchenpapier trockentupfen und quer in Streifen schneiden. Äpfel ungeschält halbieren, vom Kerngehäuse befreien und in kleine Würfel schneiden. Zwiebeln schälen und wie die Gurken ebenfalls klein würfeln.
Mayonnaise mit saurer Sahne und Milch cremig rühren und mit Zucker, Salz und Pfeffer würzen. Die vorbereiteten Zutaten vorsichtig unterheben und alles nochmals abschmecken. Reichen Sie dazu Vollkornbrot mit Butter oder Pellkartoffeln.

Rollmops

Für Rollmöpse, die für die Berliner Küche sehr typisch sind, werden ausgenommene und in Salz eingelegte Heringe verwendet.

12 Salzheringe (oder Matjesfilets), 1 EL scharfer Mostrich (Senf), 1 Zwiebel, 2 Gewürzgurken, 1 EL eingelegte Kapern, 1 TL Pfefferkörner, einige Cocktailspieße, 1/4 l Weißweinessig, 2 Lorbeerblätter, 1 Prise Zucker

Die Salzheringe unter fließendem kaltem Wasser abbrausen und mit Küchenpapier trockentupfen. Nebeneinander auf eine Arbeitsfläche legen und dünn mit Senf bestreichen. Zwiebel schälen, wie die Gurken in feine Streifen schneiden und die Filets damit belegen. Mit Kapern und Pfeffer bestreuen. Aufrollen und die Rollmöpse mit Cocktailspießen fixieren.
1/2 Liter Wasser mit Essig, Lorbeerblättern und Zucker zum Kochen bringen, vom Herd nehmen und vollständig abkühlen lassen. Rollmöpse in einen Steinguttopf schichten und vollständig mit dem kalten Sud bedecken. Mit Folie abdecken und für mindestens 24 Stunden ziehen lassen. Dazu schmecken Butterstullen oder Schusterjungen.

 Rollmops ist ein typischer Kneipenimbiss – vor allem auch am Tag nach einer freucht fröhlichen Nacht, da er dabei hilft, den Kater in die Flucht zu schlagen.

Eingelegte Bratheringe

1 kg küchenfertige Heringe,
Saft von 1 Zitrone, Salz,
frisch gemahlener Pfeffer, 3 EL Mehl,
2 EL Pflanzenöl, 50 g Butterschmalz,
1/4 l Weißweinessig, 1/4 TL Pfefferkörner,
1/4 TL Korianderkörner, 1 TL Senfkörner,
2 Lorbeerblätter, 2 große Zwiebeln,
1 Salzgurke

Die Heringe unter fließendem kaltem Wasser abbrausen und mit Küchenpapier trockentupfen. Mit Zitronensaft beträufeln, mit Salz und Pfeffer würzen und in Mehl wenden.
Öl und Schmalz in einer größeren Pfanne erhitzen und die Heringe darin rundherum in etwa 10 Minuten braun und knusprig braten. Herausnehmen und auf Küchenpapier erkalten lassen.
1/4 Liter Wasser mit Essig, Pfeffer-, Koriander- und Senfkörnern sowie 2 Lorbeerblättern aufkochen, vom Herd nehmen und vollständig erkalten lassen.
Zwiebeln schälen und in Streifen schneiden. Gurke in Scheiben schneiden. Die erkalteten Heringe mit Zwiebelstreifen und Gurkenscheiben in einen Steinguttopf schichten. Mit kaltem Sud bedecken und zugedeckt mindestens 24 Stunden ziehen lassen.
Zum Servieren die Bratheringe aus der Marinade nehmen und mit Bratkartoffeln und Salzgurken (keine Essiggurken!) reichen.

Suppen und Eintöpfe
– nicht nur mit Linsen und Erbsen

Biersuppe mit Speck

1 große Zwiebel, 2 Schrippen (Brötchen),
2 EL Butter, 400 ml Brühe, 400 ml Berliner Weiße,
100 ml Sahne, Salz, frisch gemahlener Pfeffer,
75 g Schinkenspeck in Würfeln,
2 EL Schnittlauchröllchen

Die Zwiebel schälen und wie die Schrippen fein würfeln. Butter in einem Topf erhitzen, Zwiebelwürfel darin andünsten, Schrippenwürfel zugeben und anrösten. Mit Brühe, Bier und Sahne ablöschen und die Suppe bei geringer Hitze etwa 15 Minuten köcheln lassen. Inzwischen den Speck in einer Pfanne bei mittlerer Hitze ausbraten. Die Suppe mit Salz und Pfeffer würzen, auf 4 vorgewärmte tiefe Teller verteilen und jeweils etwas Speck in die Mitte geben. Mit den Schnittlauchröllchen bestreuen und servieren.

 Besonders würzig schmeckt die Suppe, wenn Sie kurz vor dem Servieren noch 100 Gramm geriebenen Emmentaler unterrühren.

Kartoffelsuppe „Kaiser Wilhelm II"

Es heißt, Kartoffelsuppe sei eine der Lieblingsspeisen von Kaiser Wilhelm II gewesen – daher rührt der Name dieser Suppe.

1 kleine Zwiebel, 100 g gekochter Schinken,
100 g Knollensellerie, 1 Möhre,
2 Teltower Rübchen, 800 g Kartoffeln,
1 EL Pflanzenöl, 1 EL Butter, Salz,
frisch gemahlener Pfeffer,
1 Msp. frisch geriebene Muskatnuss,
1 Lorbeerblatt, 1 l Fleischbrühe, 100 ml Sahne,
1 Ei, 1 Bund Petersilie, fein gehackt

Die Zwiebel schälen und wie den Schinken fein würfeln. Sellerie, Möhre und Rübchen schälen bzw. putzen und in kleine Stücke schneiden. Kartoffeln schälen und in gleich große Stücke schneiden.
Öl und Butter in einem Topf erhitzen und darin Zwiebel- und Schinkenwürfel anschwitzen. Nach und nach das restliche Gemüse hinzufügen und mitschwitzen. Mit Salz, Pfeffer und Muskat würzen. Lorbeerblatt einlegen und den Topfinhalt mit der Brühe aufgießen. Aufkochen, die Hitze reduzieren und die Suppe 25 Minuten garen. Vom Herd nehmen, die Sahne einrühren und die Suppe mit dem Mixstab pürieren. Eine Kelle Suppe mit dem Ei verquirlen und wieder in die Suppe einrühren. Abschmecken, mit Petersilie bestreuen und sofort servieren.

Steckrübeneintopf

In kargen Zeiten – und die hat es in Berlin reichlich gegeben – kam sonntags kein Braten auf den Tisch, sondern ein dünner Eintopf. Steckrüben, ein unverwüstliches und erschwingliches Gemüse, waren ein Synonym für das Stillen von Hunger in schweren Zeiten. Inzwischen löffeln die Berliner ihren Steckrübeneintopf aber wieder mit großem Vergnügen – allerdings angereichert mit einer ordentlichen Portion Speck.

1 kleine Zwiebel, 150 g durchwachsener
Räucherspeck, 1 Steckrübe von etwa 800 g,
1/4 Bund Suppengemüse, 2 EL Pflanzenöl,
Salz, frisch gemahlener Pfeffer,
1 l Fleischbrühe, 150 g Schmand,
1 Bund Petersilie, fein gehackt

Zwiebel schälen und wie den Speck fein würfeln. Die Steckrübe putzen, schälen und in kleine Stücke schneiden. Suppengemüse schälen bzw. putzen und ebenfalls klein schneiden.
Das Öl in einem passenden Topf erhitzen und darin die Zwiebel- und Speckwürfel anschwitzen. Nach und nach das vorbereitete Gemüse einrühren und einige Minuten mitdünsten, mit Salz und Pfeffer würzen. Mit Brühe aufgießen, aufkochen lassen und dann bei mittlerer Hitze etwa 20 Minuten garen. Den Eintopf abschmecken, auf 4 Teller verteilen, jeweils mit 1 Esslöffel Schmand garnieren und mit Petersilie bestreuen.

Löffelerbsen mit Ohren und Schnauzen

400 g geschälte gelbe Erbsen,
1 Speckschwarte, 250 g gepökelte Schweineohren,
250 g gepökelter Schweinekopf (Schnauze),
4 Stängel Majoran, 1 Zwiebel, 1 Möhre,
1 Petersilienwurzel, 1 Stange Lauch,
250 g Kartoffeln, Salz, frisch gemahlener Pfeffer,
1 EL gehackte Petersilie

Die Erbsen mit kaltem Wasser bedecken und für mindestens 8 Stunden einweichen. Danach im Einweichwasser mit Speckschwarte, Schweineohren und -kopf sowie Majoran zum Kochen bringen. Zwiebel, Möhre und Petersilienwurzel schälen und klein würfeln. Den Lauch längs halbieren, zwischen den Blattschichten waschen und quer in Streifen schneiden. Das vorbereitete Gemüse zu den Erbsen in den Topf geben und, wenn nötig, Wasser nachgießen. Den Topfinhalt bei mittlerer Hitze etwa 2 Stunden kochen lassen. Bei Bedarf abschäumen, bis die Brühe klar bleibt.
Danach die Schweineohren herausnehmen und in dünne Streifen schneiden. Das Fleisch aus dem Schweinekopf auslösen und klein schneiden. Kartoffeln schälen und in Würfel schneiden. Ohren mit dem Fleisch wieder in die Suppe geben und weitere 20 Minuten leise köcheln lassen. Leicht mit Salz und Pfeffer würzen. Vor dem Servieren mit Petersilie bestreuen. Reichen Sie dazu Schrippen (Brötchen).

Linsensuppe von Tante Gisela

1 Zwiebel, 100 g durchwachsener Speck,
1/4 Bund Suppengemüse,
2 Teltower Rübchen, 2 EL Pflanzenöl,
250 g braune Linsen, 1/8 l Rotwein,
2 Lorbeerblätter, 1 Stängel Thymian,
500 g Kasseler mit Knochen,
Salz, frisch gemahlener Pfeffer,
50 g Kräuter-Crème-fraîche

Die Zwiebel schälen und wie den Speck in feine Würfel schneiden. Suppengemüse schälen bzw. putzen und sehr klein schneiden. Rübchen schälen und ebenfalls fein würfeln.
Das Öl in einem Topf erhitzen und darin Zwiebel- und Speckwürfel anschwitzen. Das vorbereitete Gemüse zufügen und einige Minuten mitschwitzen. Danach die Linsen zugeben und ebenfalls einige Minuten mitschwitzen. Mit Wein ablöschen und mit 2 Litern lauwarmem Wasser aufgießen. Lorbeerblätter, abgebrausten Thymian und gewaschenes Kasseler einlegen und den Eintopf 50 Minuten bei mittlerer Hitze garen.
Danach das Kasseler herausnehmen, das Fleisch vom Knochen lösen und in mundgerechte Stücke schneiden. Die Suppe mit Salz und Pfeffer würzen und mit Kräuter-Crème-fraîche verfeinern. Die Kasselerstücke auf vorgewärmte tiefe Teller verteilen und mit der heißen Suppe übergießen.

Gerichte mit Gemüse –
und Kartoffeln satt

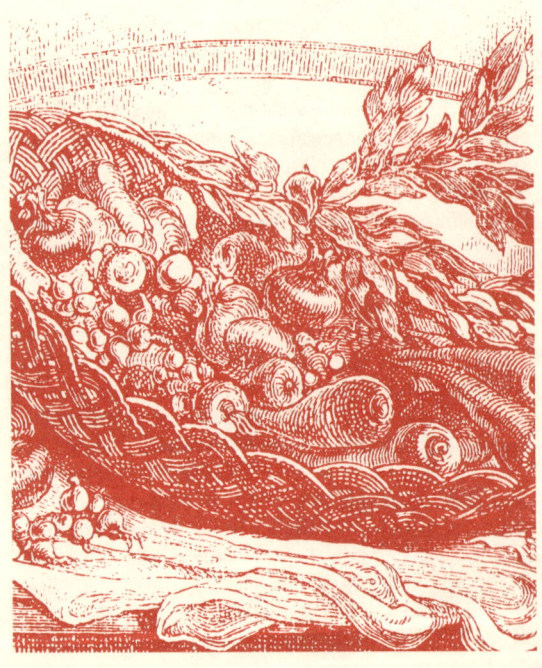

Quetschkartoffeln

1 kg mehlig kochende Kartoffeln, Salz, 1 Lorbeerblatt,
1/4 l lauwarme Milch, 2 EL zimmerwarme Butter,
1 Msp. frisch geriebene Muskatnuss

Die Kartoffeln schälen und in Stücke schneiden. In leicht gesalzenem und mit 1 Lorbeerblatt versehenem Wasser in etwa 30 Minuten gar kochen. Abgießen und mit einem Kartoffelstampfer grob stampfen. Milch und Butter unterrühren und mit Salz und Muskat würzen.

 Für Kartoffelpüree die gegarten Kartoffeln mit Kartoffelstampfer oder -presse sehr fein zerstampfen. Mit etwa 3/8 Liter Milch und 2 Esslöffeln Butter geschmeidig rühren und mit Salz, Pfeffer und Muskat würzen.

Berliner Brühkartoffeln

1/4 Bund Suppengemüse; 800 g Kartoffeln,
1 1/4 l Fleischbrühe, Salz, frisch gemahlener Pfeffer,
1 Msp. frisch geriebene Muskatnuss

Suppengemüse und Kartoffeln schälen bzw. putzen, Gemüse fein, Kartoffeln grob würfeln. In der Brühe bei mittlerer Hitze in etwa 25 Minuten garen. Mit Salz, Pfeffer und Muskat würzen und die Brühkartoffeln auf vorgewärmte tiefe Teller verteilen. Reichen Sie dazu Brühwürstchen, Kasseler oder gekochtes Fleisch.

Kartoffelpuffer

1 kg Kartoffeln, Salz, 1 Zwiebel, 1 Ei,
1–2 EL Mehl, Butterschmalz zum Braten

Die Kartoffeln in Salzwasser weich kochen. Abgießen, leicht abkühlen lassen, pellen und auf einer Kartoffelreibe reiben. Zwiebel schälen und ebenfalls reiben. Die Kartoffelmasse gut mit geriebener Zwiebel, Ei und Mehl vermischen.
Reichlich Schmalz in einer Pfanne erhitzen. Mit Abstand Häufchen von der Masse in die Pfanne geben und mit einem Löffelrücken flach drücken. Kartoffelpuffer auf beiden Seiten goldbraun backen. Herausnehmen, kurz auf Küchenpapier abtropfen lassen und sofort servieren.

 Der Berliner bestreut die Puffer mit Zucker und lässt sie sich mit Apfelmus und Kaffee schmecken.

Eier mit Mostrichsauce

2 EL Butter, 1 EL Mehl, 1 EL scharfer Mostrich (Senf),
1 EL Zucker, 3 EL Weißweinessig, 1/4 l Fleischbrühe,
Salz, frisch gemahlener Pfeffer, 8 wachsweich
gekochte Eier, 1 EL gehackte Petersilie

Aus Butter und Mehl eine braune Schwitze herstellen. Mostrich, Zucker, Essig und Brühe einrühren und die Sauce sämig einkochen sein, salzen und pfeffern. Eier schälen und halbieren. Jeweils 4 Hälften auf einen vorgewärmten Teller legen, mit der Sauce überziehen und mit Petersilie bestreuen. Dazu passt Kartoffelpüree (Rezept S. 33)

Erbspüree

Was wären Schlachtplatte, Kasseler, Eisbein oder Eier in Mostrichsauce (Rezepte S. 60, S. 62 und S. 34) ohne Erbspüree? Schlichtweg undenkbar.

400 g getrocknete gelbe Erbsen,
100 g Knollensellerie, 1 Möhre, 1 Petersilienwurzel,
1 Speckschwarte, je 2 Stängel Majoran und Thymian,
1/4 Bund Petersilie, 1 Zwiebel, 100 g durchwachsener
Räucherspeck, fein gewürfelt, 1 EL Butterschmalz,
Salz, frisch gemahlener Pfeffer

Die Erbsen in etwa 400 Millilitern kaltem Wasser für etwa 8 Stunden einweichen. Danach in einem Topf mit dem Einweichwasser zum Kochen bringen. Gemüse schälen bzw. putzen und klein würfeln. Mit Schwarte und gewaschenen Kräutern zugeben und den Topfinhalt bei geschlossenem Deckel 1 1/4 Stunden garen. Kurz vor Ende der Garzeit die Zwiebel schälen, wie den Speck fein würfeln und im erhitzten Schmalz anschwitzen. Petersilie abbrausen, trockentupfen, Blättchen abzupfen und klein hacken. Kräuter und Speck aus dem Sud nehmen und wegwerfen. Erbsen mit dem Mixstab fein pürieren, salzen und pfeffern. Mit Zwiebel- und Speckwürfeln sowie Petersilie bestreut servieren.

Leipziger Allerlei

Das Allerlei ist ein Klassiker der feinsten bürgerlichen Frühlingsküche. Früher wurde es noch viel üppiger zubereitet: Blumenkohl, im Ganzen gegart, bildete das Zentrum auf einer Servierplatte. Das übrige Gemüse kochte man in Béchamelsauce und ordnete es mit Flusskrebsfleisch hübsch um den Kohl herum an.

200 g feine Bohnen,
100 g Zuckerschoten, 1 kleiner Blumenkohl,
200 g weißer Spargel, 1 kleiner Kohlrabi,
2 Möhren, 200 g frische Morcheln, Salz,
1 EL Zucker, 100 g Butter, Garnelen-
oder Krebsbutter (Glas, ca. 100 g),
frisch gemahlener Pfeffer,
2 EL gehackte Petersilie

Bohnen, Zuckerschoten und Blumenkohl putzen, letzteren in Röschen teilen. Spargel schälen und von den holzigen Enden befreien. Spargelköpfe abschneiden und beiseite legen. Die übrigen Stangen in etwa fingerbreite Stücke schneiden. Kohlrabi und Möhren schälen und in bleistiftdicke Stifte schneiden. Morcheln gründlich waschen.

Eine große Servierplatte im Backofen bei 50 °C vorwärmen. In einem großen Topf reichlich Wasser mit 1 Esslöffel Salz, Zucker und 1 Esslöffel Butter zum Kochen bringen. Bohnen, Blumenkohl, Spargelstücke, Kohlrabi und Möhren darin 10 Minuten sanft sprudelnd kochen lassen. Gemüse mit einem Schaumlöffel he-

rausnehmen und in einem großen Sieb kurz trockenschwenken, Kochwasser auf dem Herd belassen.
Inzwischen die Garnelen- oder Krebsbutter in einer großen Pfanne bei geringster Hitze erwärmen. Das Gemüse darin schwenken, mit Pfeffer würzen, auf der Servierplatte anrichten und im auf 50 °C vorgeheizten
Backofen warm halten. Zuckerschoten und Spargelköpfe ins Kochwasser geben und 5 Minuten kochen. Herausnehmen, trockenschwenken. In der Garnelen- oder
Krebsbutter wenden, pfeffern und zum warm gehalte-
nen Gemüse geben.
Die restliche Butter in einer zweiten Pfanne erhitzen,
Morcheln hineingeben und bei hoher Temperatur
unter ständigem Rühren etwa 2 Minuten braten. Zugedeckt bei mittlerer Hitze weitere 3 Minuten garen. Salzen, pfeffern und auf das Gemüse geben.
Das Allerlei mit der in den Pfannen verbliebenen Butter und Garnelen- oder Krebsbutter beträufeln, mit der
Petersilie bestreuen und sofort servieren. Dazu passen
Kartoffelklöße.

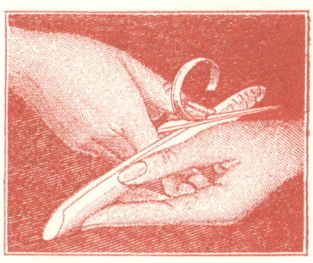

Teltower Rübchen

1 kg Teltower Rübchen, 4 EL Butter,
2 EL Zucker, 1/8 l Fleisch- oder Gemüsebrühe,
Salz, frisch gemahlener Pfeffer

Die Rübchen putzen und je nach Größe halbieren oder
vierteln. Butter in einem breiten Topf erhitzen und darin
den Zucker schmelzen. Rübchen zugeben und in dem
Karamell schwenken, mit Brühe aufgießen und in etwa
30 Minuten garen. Mit Salz und Pfeffer würzen.

 Die Teltower Rübchen sind eine typische Beilage
zu Bratengerichten aller Art.

Grünkohl

1 kg Grünkohl, Salz, 50 g Schweine-, Gänse-
oder Butterschmalz, 1/4 l Fleischbrühe,
frisch gemahlener Pfeffer, 1 Prise Zucker,
1 TL Mehl, 1 Msp. frisch geriebene Muskatnuss

Den Grünkohl putzen und in reichlich Salzwasser etwa
10 Minuten garen. Herausnehmen, in einem Sieb abtropfen lassen. Die Blätter von den dicken Rippen
befreien und sehr fein hacken. Schmalz in einem breiten Topf erhitzen und darin das Gemüse etwa 10 Minuten anschwitzen, Fleischbrühe angießen, mit Salz,
Pfeffer und Zucker würzen und den Grünkohl zugedeckt in etwa 40 Minuten garen. Danach mit etwas

Mehl bestäuben und kräftig unterrühren, um den Kohl leicht zu binden. Mit Salz, Pfeffer und Muskat würzen.

 Gerne werden auch Schinkenreste mitgegart, dadurch wird der Grünkohl noch würziger.

 Die Berliner lieben Grünkohl in Verbindung mit Gänsebraten, Ente oder Kasseler.

Schmorgurkengemüse

Südlich von Berlin liegt der Spreewald, der weltweit berühmt ist für seine Gurkenspezialitäten. Kein Wunder, dass sie auch in der Hauptstadt sehr beliebt sind.

800 g Salatgurken (etwa 3 Stück), 1 Zwiebel,
50 g durchwachsener Räucherspeck,
2 EL Pflanzenöl, 1 Prise Zucker, Salz,
frisch gemahlener Pfeffer, 1 Spritzer Weißweinessig,
100 ml Sahne, 1/4 Bund Dill, fein gehackt

Die Gurken schälen, längs halbieren, die Kerne mit einem Löffel entfernen und die Hälften quer in Scheiben schneiden. Zwiebel schälen und wie den Speck fein würfeln. Öl in einem breiten Topf erhitzen und darin Zwiebel- und Speckwürfel anschwitzen. Gurken zugeben und unter Schwenken etwa 10 Minuten im eigenen Saft schmoren, bei Bedarf etwas Wasser zufügen. Das Gemüse mit Zucker, Salz, Pfeffer und Essig würzen und mit Sahne verfeinern. Erst kurz vor dem Servieren den Dill unterrühren.

Gerichte mit Fisch und Fleisch – von Havelzander bis Eisbein

Havelzander

Berlin hat nicht nur innerhalb des Stadtgebiets Flüsse und Seen, sondern ist auch von ihnen umgeben. Darum ist nicht verwunderlich, das die Berliner Küche durch zahlreiche Fischgerichte geprägt ist. Dies ist eines der berühmtesten unter ihnen.

4 Tranchen vom Zander (à ca. 200 g),
Saft von 1 Zitrone, Salz,
frisch gemahlener Pfeffer, 50 g Butterschmalz,
2 EL Mehl zum Wenden, 1 EL Butter,
1 EL gehackter Dill

Die Fischtranchen unter fließendem kaltem Wasser abbrausen und mit Küchenpapier trockentupfen. Mit Zitronensaft beträufeln und mit Salz und Pfeffer würzen; beiseite stellen und einige Minuten ziehen lassen. In einer Pfanne Butterschmalz erhitzen. Die Fischscheiben in Mehl wenden und einlegen. Während der Garzeit von etwa 10 Minuten die Butter in die Pfanne gleiten lassen und die Fischscheiben mehrmals wenden. Dann die Zanderstücke auf 4 Teller verteilen, mit dem Bratfond beträufeln und mit dem Dill bestreuen.

 Dazu werden Schmorgurken (Rezept S. 39) und in Butter geschwenkte Kartoffeln gereicht.

Aal grün aus dem Spreewald

In vielen Traditionsgaststätten wird diese Rarität auch heute noch originalgetreu serviert. Mit kleinen Pellkartoffeln und Gurkensalat – selbstverständlich von Gurken aus dem Spreewald. Es lohnt sich, das Gericht zu Hause nachzukochen.

800 g küchenfertiger, abgezogener Spree-Aal,
Salz, frisch gemahlener Pfeffer,
2 EL Weißweinessig, 3 Stängel Dill,
1 Zwiebel, 1/4 l trockener Weißwein,
2 Lorbeerblätter, 50 g Butter, 1 EL Mehl,
200 ml Sahne, frisch gemahlener Pfeffer,
1 Prise Zucker, 1 EL frischer Zitronensaft,
1 Eigelb, 4 EL frisch gehackter Dill

Den Aal abbrausen, mit Küchenpapier trockentupfen, in etwa 5 Zentimeter lange Stücke schneiden und mit Salz und Pfeffer würzen. Mit Essig beträufeln und einige Minuten ziehen lassen.
Inzwischen den Dill abbrausen und grob klein schneiden. Zwiebel waschen und ungeschält in grobe Stücke schneiden.
In einem Topf 1/4 Liter Wasser mit dem Wein aufkochen. Dill, Zwiebelstücke und Lorbeerblätter einlegen und die Hitze reduzieren. Aalstücke in den leicht siedenden Sud legen und bei mittlerer Hitze in etwa 15 Minuten gar ziehen lassen. Mit einem Schaumlöffel herausnehmen und auf einen Teller legen. Den Sud durch ein Haarsieb seihen.

Aus Butter und Mehl eine helle Schwitze rühren, diese mit dem Aalsud aufgießen und glattrühren. Mit Sahne verfeinern und mit Salz, Pfeffer, Zucker und Zitronensaft würzen. Etwas Sauce aus dem Topf nehmen, mit dem Eigelb verquirlen und die Mischung wieder unter den Topfinhalt rühren (Vorsicht: Danach darf die Sauce nicht mehr kochen!). Den Aal auf einer größeren Servierplatte anrichten, mit Sauce überziehen und mit dem gehacktem Dill bestreuen.

 Für Aal nach Altberliner Art die vorbereiteten Aalstücke mit Salz und Pfeffer würzen. In einer Pfanne 50 Gramm Butter erhitzen und 100 Gramm fein geriebenes altbackenes Schwarzbrot einstreuen. Aalstücke darauflegen, mit 2 Lorbeerblättern belegen und mit etwa 8 schwarzen Pfefferkörnern bestreuen. Die Aalstücke bei geringer Hitze und bei geschlossenem Deckel in knapp 20 Minuten garen; währenddessen zwei- bis dreimal wenden und nach und nach mit insgesamt 1/4 Liter Berliner Weiße übergießen. Zum Servieren die Aalstücke aus der Pfanne nehmen und auf Teller verteilen. Den Bratsud mit Salz, Pfeffer und Zitronensaft würzen und den Fisch damit nappieren.

Karpfen auf polnische Art

Dies ist ein traditionelles Festtagsessen, das in vielen Familien in der Weihnachtszeit auf den Tisch kommt.

1 küchenfertiger Karpfen (vom Fischhändler
in Stücke geschnitten), Saft von 1 Zitrone, Salz,
frisch gemahlener Pfeffer, 1/4 Bund Suppengemüse,
2 kleine Zwiebeln, 50 g Butter, 1 Lorbeerblatt,
4 Gewürznelken, 1/4 l dunkles Bier,
1 geriebener Saucenlebkuchen (100 g)

Die Karpfenstücke unter fließendem kaltem Wasser abbrausen und mit Küchenpapier trockentupfen. Mit Zitronensaft beträufeln und mit Salz und Pfeffer würzen. Das Suppengemüse schälen bzw. putzen und klein schneiden. Zwiebeln waschen und ungeschält in kleine Stücke schneiden.
Butter in einer Pfanne mit hohem Rand erhitzen und darin das vorbereitete Gemüse anschwitzen. Gewürze einlegen und das Gemüse salzen und pfeffern. Mit Bier aufgießen, kurz einkochen lassen und den Saucenlebkuchen einrühren. Die Karpfenstücke in die Sauce legen, die Pfanne mit dem Deckel verschließen und den Fisch 20 Minuten garen, währenddessen ein- bis zweimal wenden. Herausnehmen und auf Teller verteilen. Die Sauce durch ein Haarsieb seihen, mit Salz und Pfeffer würzen und den Fisch damit nappieren.

 Dazu schmecken Salzkartoffeln als Beilage und Bier als Getränk.

Gebratene Schleien in Dillbutter

4 küchenfertige Schleien
(à ca. 350–400 g), Saft von 1 Zitrone,
Salz, frisch gemahlener Pfeffer,
1/4 Bund Dill, 5–8 EL Pflanzenöl, 2 EL Mehl,
50 g Butter, Zitronenachtel zum Garnieren

Die Schleien unter fließendem kaltem Wasser abbrausen, mit Küchenpapier trockentupfen, mit Zitronensaft
beträufeln und mit Salz und Pfeffer würzen.
Den Dill abbrausen, trockentupfen und die Blättchen
abzupfen. Etwa ein Drittel davon in die Bauchhöhlen
der Fische verteilen und den Rest fein hacken.
Öl in 2 größeren Pfannen erhitzen. Die Fische in Mehl
wenden, überschüssiges Mehl abklopfen, in die Pfannen einlegen und die Schleien 20 Minuten braten;
währenddessen mehrmals wenden und Butter hinzufügen. Herausnehmen und auf vorgewärmte Teller verteilen. Den Dill im Bratsatz schwenken, die Fische damit beträufeln und mit den Zitronenachteln garnieren.
Reichen Sie dazu Salzkartoffeln.

Flussbarsch in Biersauce

1 kg küchenfertiger Flussbarsch,
Saft von 1 Zitrone, Salz, frisch gemahlener
Pfeffer, 2 Zwiebeln, 4 EL Pflanzenöl,
1 TL brauner Zucker, 1 TL Mehl, je 1/4 l helles
und dunkles Bier, 3 Gewürznelken,
2 Lorbeerblätter, 1 EL Weißweinessig

Den Barsch unter fließendem kaltem Wasser abbrausen, mit Küchenpapier trockentupfen, mit Zitronensaft beträufeln und mit Salz und Pfeffer würzen. Zwiebeln schälen und in feine Streifen schneiden.
In einer Pfanne das Öl erhitzen und die Zwiebeln darin glasig anschwitzen. Mit Zucker und Mehl bestreuen und unter Rühren einige Minuten weiterschwitzen. Nach und nach die beiden Biersorten angießen und Nelken und Lorbeerblätter zugeben. Den Fisch in die Sauce einlegen und bei geschlossenem Deckel etwa 20 Minuten garen. Herausnehmen und auf einer vorgewärmten Servierplatte anrichten. Die Sauce durch ein Haarsieb seihen, mit Salz, Pfeffer und Essig würzen und den Fisch damit nappieren. Dazu isst man in Berlin Salzkartoffeln.

Krebsschwänze in Dillsauce

Noch Ende des 19. Jh. wurde der berühmte Oderkrebs körbeweise mit dem Nachtzug von Berlin nach Paris geschickt. Die Gewässer rund um die Hauptstadt waren voll von den herrlichen Krebstieren. Viele Rezepte der damaligen Zeit sind auch heute noch auf Berliner Speisekarten zu finden, auch wenn die Krebse dafür inzwischen importiert werden müssen. Nachfolgend das Lieblingsrezept der Berliner für Krebsschwänze.

24 ausgelöste Flusskrebsschwänze,
Saft von 1/4 Zitrone, Salz, frisch gemahlener Pfeffer,
2 EL Butter, 1 TL Mehl, 1/4 l Fischfond (Glas),
200 ml Sahne, 1 Eigelb, einige Spritzer
Worcestershire-Sauce, 2 EL gehackter Dill

Die Krebsschwänze abbrausen, mit Küchenpapier trockentupfen, mit Zitronensaft beträufeln und mit Salz und Pfeffer würzen. Butter in einem Topf erhitzen und mit dem Mehl zu einer hellen Schwitze rühren. Diese unter Rühren mit Fond und Sahne glattrühren und mit Salz, Pfeffer und Worcestershire-Sauce würzen. Etwas von der Sauce mit dem Eigelb verrühren und die Mischung wieder unter den Topfinhalt rühren. Krebsschwänze einlegen, darin 3–4 Minuten erwärmen und zum Schluss den Dill einrühren.

 Servieren Sie dazu Reis – als Reisrand oder in Timbale-Förmchen gefüllt und auf vorgewärmte Teller gestürzt.

Hühnerfrikassee

Für Hühnerfrikassee gibt es zahlreiche Rezepte von alltagstauglich bis sehr vornehm (z. B. im Stile des Hotels Adlon mit Kalbszunge, Krebsschwänzen, Spitzmorcheln, Kalbsbries und Spargel). Dies ist ein einfaches Rezept für den normalen Berliner Haushalt – und es schmeckt immer „knorke", wie der Berliner sagt.

1 küchenfertiges Huhn (ca. 1 1/4 kg),
Salz, 1 Bund Suppengemüse,
2 EL Butter, 1 EL Mehl, 200 ml Sahne,
frisch gemahlener weißer Pfeffer,
1 Eigelb, 150 g Champignons (Glas),
300 g Erbsen (TK), etwas Zitronensaft,
4 ausgelöste Flusskrebsschwänze,
100 g Spargelspitzen (Glas),
1 EL frische Kerbelblättchen

Das Huhn unter fließendem kaltem Wasser innen und außen abbrausen. In einem Topf mit kaltem Wasser bedecken und zum Kochen bringen. Sobald das Wasser kocht, abgießen und mit frischem kaltem Wasser erneut zum Kochen aufstellen, salzen. Das Suppengemüse schälen bzw. putzen, in kleine Stücke schneiden und in den Topf geben. Das Huhn bei mittlerer Hitze in etwa 1 1/4 Stunden gar kochen.
Dann das Huhn herausnehmen, halbieren, häuten und entbeinen. Das Fleisch in mundgerechte Stücke schneiden. Die Brühe durch ein Haarsieb seihen. Butter in einem Topf erhitzen und mit dem Mehl zu einer hellen

Schwitze rühren, nach und nach mit Brühe aufgießen. Die Sauce unter Rühren sämig einkochen lassen, mit Sahne verfeinern und mit Salz und Pfeffer würzen. Das Eigelb mit einer Kelle Sauce verquirlen und die Mischung wieder unter den Topfinhalt rühren (Vorsicht: Danach darf die Sauce nicht mehr kochen!).
Die Champignons abgießen, mit den Erbsen unter die Sauce rühren und darin erwärmen. Zum Schluss das Fleisch unterrühren. Mit Salz, Pfeffer und etwas Zitronensaft würzen. Das Hühnerfrikassee auf vorgewärmte Teller verteilen und rundherum am Tellerrand mit den abgetropften Spargelspitzen garnieren. Je 1 Krebsschwanz in die Mitte setzen und das Gericht mit abgebraustem und trockengetupftem Kerbel garnieren.

 Ein wenig feiner wird das Gericht natürlich mit frischen Champignons und frischen Spargelköpfen, beides vorgegart.

Gänsebraten „Dönhoffplatz"

„Ene jut jebratene Jans is ene jute Jabe Jottes" – besonders an Festtagen darf der „Weihnachtsvogel" nicht fehlen. Früher erwarb man ihn freitags auf dem Gänsemarkt am Dönhoffplatz. Dort wurde nicht nur die Gans für den Sonntag feilgeboten, sondern auch gleich die Daunen für das Federbett mit dazu.

1 küchenfertige Gans (ca. 4 kg),
Salz, frisch gemahlener Pfeffer,
1 kleines Bund Beifuß,
5 säuerliche Äpfel (z. B. Boskop),
2 Zwiebeln, 1 EL Speisestärke

Den Backofen auf 180 °C (Umluft 160 °C, Gas Stufe 3) vorheizen. Die Gans unter fließendem kaltem Wasser innen und außen gründlich abbrausen, dabei den Bauchraum vom Gänsefett (Flomen) befreien. Mit Küchenpapier trockentupfen, innen und außen salzen und pfeffern.

Den Beifuß waschen und trockentupfen. Die Äpfel ungeschält vierteln und vom Kerngehäuse befreien. Zusammen mit dem Beifuß in den Bauchraum geben. Die Öffnungen mit Küchengarn zunähen und die Keulen am Rumpf anliegend fixieren.

Die Gans mit der Brust nach oben in den Bräter setzen und seitlich etwa 200 Milliliter Wasser angießen. In den vorgeheizten Ofen (unterste Schiene) schieben und die Gans in etwa 2 1/4 Stunden garen. Nach etwa der Hälfte der Bratzeit seitlich unterhalb der Keulen mit einer Nadel einstechen, damit das Fett austreten kann. Zwiebeln schälen, in Streifen schneiden und um die Gans herum verteilen. Zusätzlich etwa 1/4 Liter kaltes Wasser angießen.

Nach Ende der Garzeit die Temperatur auf 200 °C erhöhen, am besten zusätzlich die Grillstufe einschalten und die Gans in etwa 20 Minuten schön bräunen. Danach aus dem Bräter nehmen, auf die mit Alufolie ausgelegte Fettpfanne setzen und in den ausgeschalteten Ofen stellen. Den Bräter auf den Herd stellen und den Bratfond mit 1/4 Liter Wasser loskochen. Durch ein Haarsieb seihen und erneut aufkochen. Die Stärke mit 3 Esslöffeln kaltem Wasser anrühren und die Sauce damit binden, mit Salz und Pfeffer würzen. Küchengarn entfernen und die Gans halbieren. Die Apfelfüllung auf einer vorgewärmten Servierplatte anrichten. Keulen und Flügel von den Gänsehälften abtrennen. Restliches Fleisch in kleinere Portionsstücke schneiden und alles auf der Platte anrichten. Die Sauce separat dazu reichen. Dazu passen Salzkartoffeln oder Kartoffelklöße, Rotkohl oder Grünkohl.

Rinderrouladen von „Mutter Schulze"

Die Heimstatt der Molle (des Biers) ist die Budike, die Destille, eben die kleine Eckkneipe nebenan. Und genau diese haben oftmals im Fenster ein Schild mit der Aufschrift „Futtern wie bei Muttern" hängen. Auf manche (je nach Kochkunst der Mutter) mag das ja abschreckend wirken, aber Mutter Schulze, nach der dieses Rezept benannt ist, war „ene jute Köchin".

4 Scheiben Rinderroulade
(Oberschale, à ca. 180 g),
Salz, frisch gemahlener Pfeffer,
1 EL scharfer Mostrich (Senf),
4 dünne Scheiben durchwachsener Räucherspeck,
1 große Zwiebel, 1 große Gewürzgurke,
1/4 Bund Suppengemüse, 1 Tomate,
4 EL Pflanzenöl, 1/8 l Rotwein,
1/4 l Fleischbrühe, 2 EL Gurkensud,
2 Lorbeerblätter, einige schwarze Pfefferkörner,
200 ml Sahne, 4 Rouladennadeln

Die Fleischscheiben abbrausen, trockentupfen und auf beiden Seiten mit Salz und Pfeffer würzen. Nebeneinander auf eine Arbeitsfläche legen. Mit Mostrich bestreichen und mit je 1 Speckscheibe belegen. Zwiebel schälen, halbieren und in sehr feine Streifen schneiden. Gurke in längliche Streifen schneiden. Die Hälfte der Zwiebel- und Gurkenstreifen auf den Fleischscheiben verteilen, dann aufrollen und mit Rouladennadeln fixieren. Das Suppengemüse schälen bzw. putzen und in grobe Stücke schneiden. Die Tomate vom Stielansatz befreien und vierteln.

Das Öl in einem breiten Topf erhitzen und darin die Rouladen rundherum scharf anbraten. Restliches Gemüse und Tomatenviertel darum herum legen und mitbraten. Wein, Brühe und Gurkensud angießen. Lorbeerblätter und Pfefferkörner einlegen und die Rouladen bei mittlerer Hitze und geschlossenem Deckel etwa 1 1/4 Stunden garen; währenddessen mehrfach wenden und bei Bedarf etwas Wasser angießen.

Rouladen herausnehmen, auf einem Teller mit Alufolie abdecken und ruhen lassen. Die Sauce durch ein Sieb streichen, nochmals aufkochen, mit Sahne verfeinern und mit Salz und Pfeffer würzen. Den Bratensaft, der aus den Rouladen ausgetreten ist, in die Sauce einrühren. Rouladen auf vorgewärmte Teller verteilen und mit der Sauce nappieren. Dazu passen Kartoffelpüree, Rotkohl oder gemischtes Gemüse nach Belieben.

Kohlrouladen

8 große Weißkohl- oder Wirsingblätter,
Salz, 1 Schrippe (Brötchen) vom Vortag,
1 Tasse heiße Milch, 1 Zwiebel,
1 Knoblauchzehe, 50 g gekochter Schinken,
2 EL Butter, 500 g gemischtes Hackfleisch
(halb Rind und halb Schwein),
1 Ei, Salz, frisch gemahlener Pfeffer,
abgeriebene Schale von 1/4 unbehandelter
Zitrone, 1 TL getrockneter Thymian,
1 EL frisch gehackte Kräuter (z. B. Petersilie, Kerbel),
1/4 Bund Suppengemüse, 4 EL Pflanzenöl,
1/4 l heiße Fleischbrühe, 100 g Crème fraîche

Die Kohlblätter waschen und in kochendem Salzwasser 1 Minute blanchieren. Abgießen, kalt abschrecken und abtropfen lassen. Das Brötchen in der heißen Milch einweichen. Zwiebel und Knoblauch schälen und wie den Schinken fein würfeln. 1 Teelöffel Butter in einer Pfanne erhitzen und darin Zwiebel, Knoblauch und Schinken glasig anschwitzen, leicht abkühlen lassen. In einer Schüssel den Pfanneninhalt mit Ei, ausgedrücktem Brötchen und Hackfleisch zu einem homogenen Fleischteig verkneten. Mit Salz, Pfeffer, Zitronenschale und Kräutern würzen.
Kohlblätter nebeneinander auf einer Arbeitsfläche auslegen und die dicken Rippen flachschneiden. Jeweils etwas Fleischteig mittig darauf legen, die Seiten der Blätter einschlagen, zu Rouladen aufrollen und mit Küchengarn fixieren.

Den Backofen auf 200 °C (Umluft 180 °C, Gas Stufe 3) vorheizen. Suppengemüse schälen bzw. putzen und klein schneiden.
In einem Bräter Öl und restliche Butter erhitzen und darin die Kohlrouladen rundherum anbraten. Suppengemüse hinzufügen und mitbraten. Brühe angießen, kurz aufkochen lassen und den Bräter mit dem Deckel verschließen. In den vorgeheizten Backofen (mittlere Schiene) stellen und die Kohlrouladen etwa 1 1/4 Stunden schmoren. Herausnehmen und auf einer vorgewärmten Servierplatte anrichten. Die Sauce durch ein Haarsieb seihen, nochmals aufkochen lassen und mit Crème fraîche verfeinern, mit Salz und Pfeffer würzen.

 Früher hat man diese Sauce mit Speisestärke gebunden, aber in diesem Rezept wurde sie durch die zeitgemäßere Crème fraîche ersetzt.

Königsberger Klopse

„Da Berliner hat es mit de Klopse", auch wenn sie, wie die Königsberger Klopse, nicht aus Berlin stammen, sondern sogar den Namen der Hauptstadt ihrer Heimat Ostpreußen im Namen tragen.

1 Schrippe (Brötchen) vom Vortag,
5 Sardellenfilets, 1 kleine Zwiebel,
500 g gemischtes Hackfleisch
(halb Rind und halb Schwein),
1 Ei, frisch gemahlener Pfeffer,
1 Msp. frisch geriebene Muskatnuss,
Salz, 2 Lorbeerblätter, 2 EL Butter,
1 EL Mehl, 150 ml trockener Weißwein,
2 EL eingelegte Kapern,
1 TL frischer Zitronensaft, 100 ml Sahne,
1 Eigelb, 1 Prise getrockneter Majoran

Die Schrippe in einer Schale mit lauwarmem Wasser übergießen. Sardellenfilets unter fließendem kaltem Wasser abbrausen, mit Küchenpapier trockentupfen und fein hacken. Zwiebel schälen und fein würfeln. Das Hackfleisch mit dem gut ausgedrückten Brötchen, Sardellen, Zwiebelwürfeln und Ei zu einem glatten Fleischteig verkneten. Mit Pfeffer und Muskat würzen und kurz ruhen lassen. Dann walnussgroße Klopse daraus formen.
In einem Topf Salzwasser bis zum Siedepunkt erhitzen. Lorbeerblätter hinzufügen, die Klopse einlegen und in etwa 20 Minuten gar ziehen lassen. Heraus-

nehmen und warm halten. Vom dem Sud 1/4 Liter abmessen und beiseite stellen.

Butter in einem Topf erhitzen und mit dem Mehl zu einer hellen Schwitze rühren. Mit Wein ablöschen, mit dem beiseite gestellten Klopssud aufgießen und unterrühren. Fleischklopse und Kapern einlegen. Die Sahne einrühren und die Sauce mit Salz, Pfeffer und Zitronensaft würzen. Kurz vor dem Servieren eine Kelle Sauce mit dem Eigelb verquirlen, wieder zurück in den Topf geben. Den Majoran unterrühren. Reichen Sie dazu Salzkartoffeln oder Kartoffelpüree (Rezept S. 33).

Leber mit Äpfeln und Zwiebeln

4 Scheiben Schweine- oder
Kalbsleber (à ca. 150 g),
frisch gemahlener Pfeffer, 2 EL Mehl,
2 große Zwiebeln, 2 Äpfel (z. B. Boskop),
2 EL Pflanzenöl, 3 EL Butter,
8 dünne Scheiben Frühstücksspeck, Salz

Die Leber abbrausen, mit Küchenpapier trockentupfen, pfeffern, in Mehl wenden und vom überschüssigen Mehl befreien. Zwiebeln schälen und in hauchdünne Ringe schneiden. Äpfel schälen, Kerngehäuse mit einem Kernausstecher entfernen und in Scheiben schneiden.
In einer Pfanne je 1 Esslöffel Öl und Butter erhitzen und die Zwiebeln darin glasig anschwitzen. Parallel dazu in einer Pfanne ohne Zugabe von Fett den Speck knusprig braten. Herausnehmen und auf Küchenpapier abtropfen lassen. Im verbliebenen Fett 1 weiteren Esslöffel Butter erhitzen und darin die Leberscheiben auf beiden Seiten jeweils 5 Minuten braten, herausnehmen und warm halten. Zwiebelringe aus der Pfanne nehmen, restliche Butter hineingeben und darin die Apfelscheiben auf beiden Seiten braten. Leber leicht salzen und auf vorgewärmte Teller verteilen. Mit Zwiebelringen und je 2 Speckscheiben belegen und die Apfelscheiben darauf anrichten. Dazu sind Kartoffelpüree (Rezept S. 33) und Bier ein Muss und grüner Salat ein Kann.

Schnitzel à la Holstein

Ein gewisser Geheimrat Holstein ging zur Zeit Kaiser Wilhelms II in die kulinarische Geschichte ein, als er sich im legendären Restaurant Borchardt ein nach seinen Wünschen zubereitetes Gericht kredenzen ließ: das später nach ihm benannte Schnitzel.

4 Kalbsschnitzel (à ca. 150 g), Salz,
frisch gemahlener Pfeffer, Mehl zum Wenden,
2 EL Öl, 5 EL Butter, 4 Eier, 4 Scheiben Weißbrot,
4 Sardellenfilets, 2 EL eingelegte Kapern,
150 g Räucherlachs, in feinen Scheiben, 4 Ölsardinen,
1 kleines Glas Kaviar (Seehasenrogen oder
russischer Kaviar), 1 EL gehackte Petersilie

Schnitzel abbrausen und mit Küchenpapier trockentupfen. Leicht plattieren, salzen, pfeffern und dünn bemehlen. Öl und 2 Esslöffel Butter in einer Pfanne erhitzen und die Schnitzel darin auf beiden Seiten in 8–10 Minuten goldbraun braten. Herausnehmen auf 4 vorgewärmte Teller verteilen. 2 weitere Esslöffel Butter in die Pfanne geben und darin die Eier zu Spiegeleiern braten. Parallel dazu die Brotscheiben toasten. Je 1 Spiegelei auf ein Schnitzel setzen, mit je 1 Sardellenfilet belegen und mit Kapern bestreuen. Toasts diagonal durchschneiden und mit der restlichen Butter bestreichen. Jedes Dreieck mit etwas Lachs und 1 Ölsardine belegen. Mit Kaviar und Petersilie bestreuen. Jeweils 2 Toastdreiecke daneben legen. Dazu passen Bratkartoffeln und in Butter geschwenkte grüne Bohnen.

Kasseler mit Sauerkohl

Der pfiffige Schlachtermeister Johann Cassel aus der Potsdamer Straße kam vor rund 100 Jahren auf die Idee, ein Schweinsrippenstück vor dem Räuchern in eine zehnprozentige Salzlauge zu legen – und das für etwa 5 Tage. Damit war das Kasseler geboren – in Berlin und nicht in der Stadt Kassel, wie man vielleicht vermuten könnte. Anno dazumal wurde das gepökelte, geräucherte Kasseler in Scheiben in viel Butterschmalz beidseitig gebraten und mit Bratkartoffeln serviert. Erst später kam der Braten aus dem Ofen – entweder mit einer schönen braunen Kruste oder in zarten Blätterteig gehüllt. Dazu gibt es dann Rotkohl oder Sauerkohl und Kartoffelpüree (Rezept S. 33).

1 kg Kasseler,
5 Zwiebeln, 2 Gewürznelken,
4 Lorbeerblätter, 1 Möhre, 1 Apfel,
2 EL Schweineschmalz, 750 g Sauerkraut,
100 ml trockener Weißwein,
1 EL schwarze Pfefferkörner,
Salz, 100 ml Sahne

Den Backofen auf 200 °C (Umluft 180 °C, Gas Stufe 3) vorheizen. Das Kasselerstück mit der Fettseite nach oben in einen Bräter geben. 1 Zwiebel schälen, mit Nelken und 2 Lorbeerblättern spicken und zum Fleisch geben. Möhre schälen, in Scheiben schneiden und darüberstreuen. 1/4 Liter kochendes Wasser angießen und den Bräter in den vorgeheizten Ofen (untere

Schiene) schieben und 30 Minuten garen; währenddessen 2- bis 3-mal wenden und bei Bedarf etwas Wasser nachgießen.
Inzwischen die übrigen Zwiebeln schälen, in hauchdünne Streifen schneiden. In einem Topf das Schmalz
erhitzen und die Zwiebeln darin anschwitzen. Apfel
schälen, vom Kerngehäuse befreien, in dünne Spalten
schneiden und unterrühren. Sauerkraut mit einer Gabel auseinanderzupfen und ebenfalls hinzufügen. Den
Topfinhalt mit Wein und etwas Kasselerbrühe aus dem
Bräter begießen, Pfefferkörner und restliche Lorbeerblätter einlegen und das Sauerkraut etwa 20 Minuten
schmoren lassen, salzen.
Das Kasseler aus dem Bräter nehmen und auf einem
Schneidebrett einige Minuten ruhen lassen. Den Bratsatz durch ein Haarsieb seihen, mit etwas Sahne verfeinern und mit Salz und Pfeffer würzen. Sauerkohl auf
4 Teller verteilen. Das Kasseler in Scheiben schneiden,
daneben anrichten und mit etwas Sauce nappieren.
Dazu passen Quetschkartoffeln oder Kartoffelpüree
(Rezepte S. 33)

 Früher wurde die Kasselerbrühe mit Mehl zu einer
sämigen Sauce angedickt, heutzutage nimmt
man stattdessen Sahne.

 Sollten von dem Kasseler Reste übrig bleiben, so
werden diese in Berlin gerne am nächsten Tag kalt
mit Mostrich oder Cumberland-Sauce gegessen.
Dazu gibt es Kartoffelsalat (Rezept S. 16).

Eisbein mit Brühe

1 1/4 kg gepökeltes Eisbein (beim Metzger
vorbestellen) in 4 gleich große Portionen zerteilt,
2 Zwiebeln, 1 Bund Suppengemüse,
2 Gewürznelken, 2 Lorbeerblätter,
je 1 TL schwarze und weiße Pfefferkörner

Das Eisbein unter fließendem kaltem Wasser gründlich abbrausen, um es von evtl. vorhandenen Kno-
chensplittern zu befreien. In einem größeren Topf mit
kaltem Wasser bedecken und zum Kochen bringen.
Die Brühe abschäumen, bis sie klar bleibt.
Inzwischen Zwiebeln schälen und grob klein schneiden. Suppengemüse schälen bzw. putzen und in grobe
Stücke schneiden. Vorbereitetes Gemüse, Nelken,
Lorbeerblätter und Pfefferkörner einlegen. Das Eisbein
bei mittlerer Hitze und geschlossenem Deckel in etwa
1 1/4 Stunden gar kochen. Herausnehmen und auf
4 tiefe Teller verteilen. Mit Kochbrühe beträufeln und
servieren.

 Dazu gehören obligatorisch Erbspüree (Rezept
S. 35) und Sauerkohl (Rezept S. 60) Und natürlich
eine Molle (Bier) und ein Korn.

Hoppel-Poppel

Dies ist ein sehr wohlschmeckendes Resteessen, das aber natürlich auch dann schmeckt, wenn frische Zutaten dafür verwendet werden.

1 große Zwiebel, 250 g Reste von Braten
oder gekochtem Fleisch, 4 EL Butter,
500 g Pellkartoffeln, in Scheiben geschnitten,
Salz, frisch gemahlener Pfeffer, 2 Eier

Die Zwiebel schälen und halbieren, eine Hälfte in Streifen und die andere Hälfte in kleine Würfel schneiden. Die Bratenreste in feine Streifen schneiden.
In 2 Pfannen je 2 Esslöffel Butter erhitzen, in die eine Zwiebelwürfel und Fleischstreifen, in die andere Zwiebelstreifen und Pellkartoffeln geben, jeweils mit Salz und Pfeffer würzen und anbraten. Sobald die Kartoffeln schön braun sind, diese in die Pfanne mit den Fleischstreifen geben und vorsichtig unterheben, damit die Kartoffeln nicht matschig werden. Die Eier verquirlen, darübergießen, cremig stocken lassen und das Gericht sofort in der Pfanne auf den Tisch stellen.

 In Berlin ist auch ein Getränk namens Hoppel-Poppel beliebt. Dazu werden 4 Eigelbe mit 3 Esslöffeln Zucker und 200 Millilitern Sahne in einer hitzebeständigen Schüssel über einem heißen Wasserbad cremig aufschlagen. Die Mischung wird in Punschgläser gefüllt, mit frisch geriebener Muskatnuss bestäubt und sofort serviert.

Falscher Hase

Hackbraten ähnlich wie dieser sind in vielen Regional-
küchen zu Hause. In Berlin werden für die „Riesen-
bulette" hart gekochte Eier vom Fleischteig umhüllt,
bevor er zu einem hübschen Laib geformt wird.

2 Schrippen (Brötchen) vom Vortag,
100 g durchwachsener Räucherspeck,
2 Zwiebeln, 1 TL Butter,
1 kg gemischtes Hackfleisch
(halb Schwein und halb Rind),
2 Eier, 1/4 TL getrockneter Majoran,
Salz, frisch gemahlener Pfeffer,
je 1 kräftige Prise rosenscharfes und
edelsüßes Paprikapulver,
1 TL scharfer Mostrich (Senf),
1 EL Butterschmalz, 1/4 l heiße Fleischbrühe,
250 g Frühlingsmöhren, 200 ml Sahne,
1 EL frisch gehackte Petersilie

Die Brötchen klein schneiden und mit etwa 200 Milli-
tern kaltem Wasser begießen. Speck in kleine Würfel
schneiden. Zwiebeln schälen und fein würfeln.
Hackfleisch in eine Schüssel geben. In einer Pfanne
die Speckwürfel auslassen und über das Hackfleisch
geben. Etwas Butter in der Pfanne erhitzen und darin
die Zwiebelwürfel glasig anschwitzen. Ebenfalls zum
Hackfleisch geben.
Alle Zutaten in der Schüssel zusammen mit den ausgedrückten Brotwürfeln und den Eiern zu einem homo-

genen Fleischteig verkneten. Mit Majoran, Salz, Pfeffer, Paprika und Mostrich würzen. Aus dem Fleischteig einen ovalen Laib formen.

Den Backofen auf 200 °C (Umluft 180 °C, Gas Stufe 3) vorheizen. Butterschmalz in einem Bräter erhitzen, den Fleischlaib einlegen und rundherum kräftig anbraten. Den Bräter in den vorgeheizten Backofen (mittlere Schiene) schieben und den Braten 50 Minuten garen, währenddessen mehrfach mit heißer Fleischbrühe übergießen. Kurz vor Ende der Garzeit die geputzten Frühlingsmöhren und rund um den „Falschen Hasen" einlegen.

Danach den Bräter aus dem Ofen nehmen, Fleisch und Möhren vorsichtig herausnehmen und beiseite stellen. Den Bratsatz kurz aufkochen, durch ein Haarsieb seihen, nochmals aufkochen, mit Salz und Pfeffer würzen und mit Sahne verfeinern. Den Hackbraten in dicke Scheiben schneiden und mit den Möhrchen auf vorgewärmten Tellern anrichten. Mit Sauce beträufeln und mit Petersilie bestreuen.

 Zu diesem Braten passen Rotkohl und Kartoffelpüree, Quetschkartoffeln (Rezepte S. 33) oder Steckrübengemüse.

Stolzer Heinrich

Hinter diesem Namen verbirgt sich ein gehaltvolles Bratwurstgericht. Auf den Speisekarten von Traditionsgaststätten finden Sie es nicht nur unter der Bezeichnung „Stolzer Heinrich", sondern auch als „Bratwurst in Biersauce".

4 Berliner Bratwürste (ungebrüht, à ca. 150 g),
100 g durchwachsener Räucherspeck, 1 Zwiebel,
4 EL Butter, 1/4 l helles oder dunkles Bier,
Lorbeerblätter, 5 schwarze Pfefferkörner,
1 EL Speisestärke, Salz, frisch gemahlener Pfeffer

Die Bratwürste mit einer spitzen Gabel rundherum mehrmals einstechen und mit kochend heißem Wasser übergießen. Auf Küchenpapier abtropfen lassen und trockentupfen. Speck klein würfeln, Zwiebel schälen und in Streifen schneiden. Speck in einer Pfanne ohne Zugaben von Fett braten, herausnehmen und auf einen Teller legen.
Butter in der Pfanne erhitzen und darin die Zwiebel glasig anschwitzen. Würste einlegen und rundherum braun braten. Bier angießen, Lorbeerblätter und Pfefferkörner einlegen und die Sauce bei mittlerer Hitze etwa 10 Minuten einkochen lassen. Würste aus der Pfanne nehmen und auf 4 Teller verteilen. Zwiebel-Bier-Sauce noch etwas einkochen lassen und mit der angerührten Stärke binden. Lorbeerblätter entfernen, die Sauce mit Salz und Pfeffer würzen und über die Bratwürste geben. Dazu passt Kartoffelpüree (Rezept S. 33).

Eiernudeln mit Beamtenstippe

Dies ist ein einsames traditionelles Nudelrezept unter den vielen Berliner Kartoffelgerichten.

3 EL Pflanzenöl, 250 g Hackepeter
(Mett, vom Metzger fertig gewürzt und
mit Zwiebeln versehen), 1 EL Tomatenmark,
Salz, frisch gemahlener Pfeffer, 1 TL Majoran,
1/4 l Fleischbrühe, 500 g Eiernudeln nach Wahl

Das Öl in einer Pfanne erhitzen, Hackepeter darin krümelig braten, Tomatenmark zugeben und etwas anrösten. Mit Salz, Pfeffer und Majoran würzen und mit Brühe aufgießen. Die Stippe bei geringer Hitze und unter gelegentlichem Rühren in etwa 10 Minuten fertig garen.
Inzwischen die Nudeln in reichlich kochendem Salzwasser in etwa 10 Minuten bissfest garen. In ein Sieb abgießen, abtropfen lassen, in tiefe Teller verteilen und mit der Beamtenstippe servieren.

Nachspeisen und Backwerk – von Rote Grütze bis Pfannkuchen

Berliner Luft mit roten Beeren

4 Eier, 200 g Zucker,
1 EL Speisestärke, 100 ml Apfelsaft,
Saft von 1 Zitrone, 200 ml Sahne,
1 Päckchen Vanillezucker,
500 g gemischte Beeren (Erdbeeren,
Himbeeren, Johannisbeeren)

Eier, 150 Gramm Zucker, Stärke und Apfel- sowie Zitronensaft in einer hitzebeständigen Schüssel verrühren und über einem heißen Wasserbad cremig aufschlagen. Die Schüssel vom Topf nehmen und die Creme über einem kalten Wasserbad kalt schlagen. Sahne mit Vanillezucker steif schlagen und unter die Creme heben. Die Schüssel mit Klarsichtfolie abdecken und für etwa 2 Stunden in den Kühlschrank stellen.
Inzwischen die Beeren putzen, Erdbeeren kleiner schneiden. In einem Topf 150 Milliliter Wasser mit dem restlichem Zucker aufkochen, die Beeren zugeben und ein paar Minuten köcheln lassen, vom Herd nehmen und etwas abkühlen lassen. Die Creme in Portionsschalen verteilen und die lauwarmen Früchte separat dazu reichen.

Rote Grütze mit „Werder-Obst"

Im Süden, vor den Toren Berlins, liegt das Werder-Gebiet – eine Oase für Obst und Gemüse. Jährlich wird die Werdersche (Kirsch-)Baumblüte gefeiert, und zu diesem Anlass gibt es alles, von Süß- und Sauerkirschen über diverse Beerensorten bis hin zu Äpfeln, Birnen und Pflaumen. Was liegt für den Berliner näher, als seine persönliche Werder-Blüte zu feiern – mit Roter Grütze und ordentlich Sahne.

800 g frische rote Beeren (Himbeeren, Johannisbeeren) und entkernte Kirschen (Süß- und Sauerkirschen), 150 g Zucker, 3 EL Speisestärke, 200 ml Sahne

Die Früchte ggf. putzen und in einen breiten Topf geben. Mit 1/4 Liter Wasser und 120 Gramm Zucker zum Kochen bringen, dann die Hitze reduzieren. Die Stärke mit etwas von dem Sud glatt rühren, zu der Früchtemischung geben und sie damit binden. In eine Servierschüssel füllen. Die Oberfläche der Grütze mit dem restlichen Zucker bestreuen und erkalten lassen. Dazu flüssige Sahne reichen.

Blätterteiggebäck „Schuhsohlen"

Die Berliner lieben Süßes und naschen gerne zu ihrem „Muckefuck" (Malzkaffee) oder Milchkaffee Blätterteigteilchen wie diese – mit viel Sahne.

200 g Blätterteigplatten (TK), 50 g grober Zucker, 400 ml Sahne, 2 Päckchen Vanillezucker, Zucker oder Puderzucker zum Bestreuen

Die Blätterteigplatten nebeneinander auf eine Arbeitsfläche legen und auftauen. Den Backofen auf 200 °C (Umluft 180 °C, Gas Stufe 3) vorheizen. Aus den Blätterteigplatten Kreise von etwa 7 Zentimetern Durchmesser ausschneiden. Die Arbeitsfläche mit etwas grobem Zucker bestreuen, die Kreise darauflegen und zu Ovalen (Schuhsohlen!) ausrollen. Auf ein mit Backpapier ausgelegtes Backblech legen, in den vorgeheizten Ofen (mittlere Schiene) schieben und in knapp 10 Minuten goldbraun und knusprig backen. Herausnehmen und abkühlen lassen. Sahne mit Vanillezucker steif schlagen und in einen Spritzbeutel mit Sterntülle füllen. Eine Hälfte der Schuhsohlen damit bedecken, die restlichen Blätterteigsohlen daraufsetzen und mit Zucker bestreuen oder mit Puderzucker bestäuben.

Pfannkuchen/Kameruner

In Berlin heißen Krapfen bzw. Berliner Pfannkuchen (und Pfannkuchen heißt Eierkuchen). Selbst gemacht schmeckt das gefüllte Schmalzgebäck aus einem luftigen Hefeteig selbstverständlich besonders gut. Und was für den Berliner aus dem Westen der Stadt der kugelige Pfannkuchen ist, ist der verschlungene Kameruner für den Ostbewohner. Am besten stellen Sie aus dem unten beschriebenen Teig gleich je zur Hälfte beide typischen Berliner Leckereien her.

Für den Teig: 500 g Mehl,
42 g frische Hefe, 50 g Zucker,
1/4 l lauwarme Milch,
100 g zimmerwarme Butter, Salz,
abgeriebene Schale von 1/4 unbehandelter
Zitrone, 3 Eigelbe
Für die Füllung: Marmelade (Aprikose, Kirsch,
Himbeere etc.) oder Pflaumenmus
Außerdem: Mehl für die Arbeitsfläche,
1 kg Frittierfett zum Ausbacken, Puderzucker
zum Bestäuben oder Zucker zum Wenden

Für den Teig das Mehl in eine Schüssel sieben und in der Mitte eine Mulde hineindrücken. Hefe hineinbröckeln, mit Zucker bestreuen und mit der Milch übergießen. Mit etwas Mehl vom Rand bestäuben und die Butter in Flöckchen rundherum legen. Die Schüssel abdecken und den Vorteig an einem warmen, zugfreien Ort etwa 30 Minuten gehen lassen. Danach mit

Salz, Zitronenschale und Eigelben zu einem geschmeidigen Teig verkneten. Nochmals zugedeckt 1 Stunde
gehen lassen.

Für Pfannkuchen den Teig auf einer bemehlten Arbeits-
fläche kräftig durchkneten und dünn ausrollen. Auf die
Hälfte der Teigplatte mit einem Glas oder einer Tasse
Kreise markieren (nicht ausstechen!). Jeweils in die
Mitte der Kreise 1 Teelöffel Marmelade oder Mus ge-
ben und die zweite Teigplatte darauflegen. Mit dem
Glas oder der Tasse die gefüllten Teigkreise ausste-
chen und die Ränder fest andrücken.

Die Pfannkuchen wenden, auf eine bemehlte Arbeitsfläche legen, mit einem Tuch abdecken und weitere
30 Minuten gehen lassen, danach sollten sie deutlich
sichtbar aufgegangen sein.

Für Kameruner den fertig gegangenen Hefeteig ausrollen und in 12 Portionen teilen. Jeweils zu einem ovalen
Brötchen formen. In der Mitte mit dem Finger ein
längliches Loch hineindrücken und die beiden schma-
len Enden des Teigovals hindurchstecken, sodass eine
doppel verschlungene „Schleife" entsteht (die fertig
gebackenen Kameruner sollten länglich sein und eine
dünne Stelle in der Mitte haben). Zugedeckt weitere
30 Minuten ruhen lassen.

Das Fett auf etwa 180 °C erhitzen. Pfannkuchen oder
Kameruner portionsweise einlegen und schwimmend
auf beiden Seiten goldbraun und knusprig ausbacken.
Zum Abtropfen auf ein Kuchengitter setzen. Pfannkuchen sofort mit Puderzucker dick bestäuben bzw.
wie die Kameruner in Zucker wenden oder mit einem
Zuckerguss überziehen. Möglichst frisch genießen.

Liebesknochen

In diesem Rezept macht sich der Einfluss der Hugenotten bemerkbar: Ihre Éclairs tauften die Berliner
kurzerhand in Liebesknochen um.

Für den Brandteig: 150 ml Milch, 1 EL Zucker,
Salz, 100 g Butter, 150 g Mehl, 4 Eier
Für die Füllung: 1/4 l Milch,
1 Päckchen Vanillezucker, 3 Eigelbe,
100 g Zucker, 1 EL Mehl,
2 EL Instant-Kaffeepulver, 2 Eiweiß
Außerdem: 200 g Puderzucker,
2 EL Kakaopulver, 1 EL flüssige Butter

Für den Brandteig in einem Topf Milch, 150 Milliliter
Wasser, Zucker, Salz und Butter aufkochen. Den Topf
vom Herd ziehen und das Mehl auf einmal einrühren.
Den Topf wieder auf den Herd zurückstellen und mit
einem Holzlöffel so lange schlagen, bis sich der Teig
als Kugel vom Boden löst. Den Topf wieder vom Herd

nehmen und die Eier nacheinander gut unterrühren. Den Backofen auf 200 °C (Umluft 180 °C, Gas Stufe 3) vorheizen und ein Backblech mit Backpapier auslegen. Den Teig portionsweise in einen Spritzbeutel mit Sterntülle einfüllen und mit Abstand 12 Streifen von etwa 10 Zentimetern Länge aufspritzen. Das Backblech in den vorgeheizten Backofen (mittlere Schiene) schieben und die Teigstreifen in etwa 30 Minuten goldbraun backen. Herausnehmen und auf einem Kuchengitter abkühlen lassen.

Inzwischen in einem Topf Milch mit Vanillezucker aufkochen und vom Herd ziehen. Mit einem elektrischen Handrührer in einer hitzebeständigen Schüssel über einem heißen Wasserbad Eigelbe und Zucker cremig aufschlagen. Mehl und Kaffeepulver unterrühren. Milch nach und nach unterschlagen, bis eine dickliche Creme entstanden ist. Eiweiße steif schlagen und unterheben. Die Creme etwas abkühlen lassen.

Die Liebesknochen seitlich längs ein-, aber nicht durchschneiden. Die Creme in einen Spritzbeutel füllen und in die Öffnungen spritzen.

Für den Überzug in einem Topf Puderzucker, Kakaopulver und Butter leicht erhitzen, cremig rühren und die Oberfläche der Liebesknochen damit bestreichen. Kühl stellen, bis der Guss fest geworden ist, und am besten bald verzehren.

Streuselkuchen

Für den Teig: 500 g Mehl, 20 g frische Hefe,
50 g Zucker, 1/4 l lauwarme Milch,
80 g zimmerwarme Butter, Salz
Für die Streusel: 200 g Mehl,
200 g Zucker, 1/4 TL gemahlener Zimt,
150 g kalte Butter
Außerdem: Mehl für die Arbeitsfläche,
200 ml Sahne

Für den Teig das Mehl in eine Schüssel sieben und in
der Mitte eine Mulde hineindrücken. Hefe einbröckeln,
mit Zucker bestreuen und mit der Milch übergießen.
Mit etwas Mehl vom Rand bestäuben und die Butter in
Flöckchen rundherum legen. Die Schüssel abdecken
und den Vorteig an einem warmen, zugfreien Ort etwa
30 Minuten gehen lassen. Danach den Vorteig mit
etwas Salz zu einem geschmeidigen Teig verkneten,
mit einem Tuch abdecken und weitere 30 Minuten
gehen lassen.
Dann den Teig auf einer bemehlten Arbeitsfläche
kurz durchkneten, in Backblechgröße ausrollen und
auf das mit Backpapier ausgelegte Blech legen. Die
Ränder hochziehen und den Teig nochmals 30 Minuten gehen lassen.
Den Backofen auf 200 °C (Umluft 180 °C, Gas Stufe 3)
vorheizen. Auf einer Arbeitsfläche Mehl, Zucker, Zimt
und Butterstückchen miteinander verkneten, dann mit
den Händen zu Streuseln zerbröseln und gleichmäßig
auf dem Hefeteig verteilen.

Das Backblech in den vorgeheizten Backofen (mittlere Schiene) schieben und den Streuselkuchen in etwa 30 Minuten goldgelb backen. Herausnehmen, kurz abkühlen lassen und in Portionsstücke teilen. Dazu geschlagene Sahne reichen.

 Für einen besonders feinen „Sonntags-Streuselkuchen" zusätzlich 50 Gramm gehackte Mandeln zum Streuselteig geben.

Bienenstich

Für den Teig: 500 g Mehl, 42 g frische Hefe,
100 g Zucker, 1/4 l lauwarme Milch,
100 g zimmerwarme Butter, 2 Eier, Salz
Für den Belag: 150 g Butter, 180 g Zucker,
1 Päckchen Vanillezucker,
150 g Mandelblättchen, 5 EL Milch
Für die Füllung: 1/4 l Milch,
1 Päckchen Vanillepudding-Pulver, Salz,
50 g Zucker, 150 g zerlassene Butter
Außerdem: Mehl für die Arbeitsfläche

Für den Teig das Mehl in eine Schüssel sieben und in die Mitte eine Mulde hineindrücken. Hefe hineinbröckeln, mit Zucker bestreuen, mit der Milch übergießen und mit etwas Mehl vom Rand bestäuben. Den Vorteig zugedeckt an einem warmen, zugfreien Ort 20 Minuten gehen lassen. Danach mit Butter, Eiern und Salz zu einem geschmeidigen Teig verkneten und nochmals zugedeckt 20 Minuten gehen lassen.
Den Backofen auf 200 °C (Umluft 180 °C, Gas Stufe 3) vorheizen und ein Backblech mit Backpapier auslegen. Den Teig auf einer bemehlten Arbeitsfläche nochmals kurz durchkneten, etwa fingerdick in der Größe des Backblechs ausrollen und es damit auslegen. Mit einer Gabel in regelmäßigen Abständen einstechen und nochmals 10 Minuten gehen lassen.
Inzwischen Butter, Zucker und Vanillezucker in einem Topf unter ständigem Rühren erhitzen. Mandelblättchen unterziehen und die Milch einrühren. Den Topf

vom Herd ziehen und die Masse kurz abkühlen lassen.
Danach gleichmäßig auf der gesamten Teigfläche verteilen. Das Backblech in den vorgeheizten Backofen
(mittlere Schiene) schieben und den Kuchen in etwa
30 Minuten goldbraun backen. Herausnehmen und
abkühlen lassen.
Für die Füllung 4 Esslöffel Milch mit dem Puddingpul-
ver glattrühren. Die restliche Milch mit 1 Prise Salz
und Zucker aufkochen und das angerührte Pudding-
pulver unterschlagen. Einmal aufkochen lassen und
den Topf vom Herd ziehen.
Die Butter unter den Pudding schlagen. Den Kuchen in
4 gleich große Teile schneiden und waagerecht halbieren, die Unterseiten gleichmäßig dick mit der Pud-
dingcreme bestreichen und die passenden Oberseiten
wieder aufsetzen. Vor dem Servieren etwa 2 Stunden
kalt stellen und dann in Portionstücke teilen.

Verzeichnis der Rezepte

Kleine Speisen –
von Buletten bis Currywurst

Suppen und Eintöpfe –
nicht nur mit Linsen und Erbsen

Gerichte mit Gemüse –
und Kartoffeln satt

Gerichte mit Fleisch und Fisch – von Havelzander bis Eisbein

Nachspeisen und Backwerk –
von Rote Grütze bis Pfannkuchen

ISBN 978-3-649-64596-2

© 2023 Coppenrath Verlag GmbH & Co. KG,
Hafenweg 30, 48155 Münster, Germany
Grafische Gestaltung: Thomas Wolters, Internetlitho
Redaktion: Kai König
Alle Rechte vorbehalten

Printed in Slovakia

www.coppenrath.de

Josef,
mach die Musik leiser!

Mit Illustrationen
von Thorsten Saleina

COPPENRATH